개미 관찰 백과

개미 관찰 백과

ANTS FOR KIDS

여왕개미, 일개미, 병정개미가 만드는
거대한 개미 제국 이야기

베벌리 게르데만 박사 지음 | 이은경 옮김

바이킹

Ants for Kids by Beverly Gerdeman
Copyright © 2021 by Rockridge Press, Emeryville, California
Illustrations © 2020 Kate Francis
First published in English by Rockridge Press, an imprint of Callisto Media, Inc.

Korean Translation Copyright © 2022 BONUS Publishing Co.
Korean edition is published by arrangement with Callisto Media, Inc.
through Corea Literary Agency(CLA), Seoul

이 책의 한국어판 저작권은 Corea 에이전시를 통한 Callisto Media, Inc.와의 독점 계약으로 보누스출판사에 있습니다.
저작권법에 의하여 보호를 받는 저작물이므로 무단전재와 무단복제를 금합니다.

차례

반가워요, 어린이 과학자 여러분! 7

1장 놀라운 개미들 9

고대 개미들 10
더듬이부터 발까지 11
개미의 일생 12
개미 군락 14
집 짓기 19
개미의 소통 23

먹이 찾기 25
포식자와 기생충 28
개미 vs 개미 31
개미와 감로 34
개미와 환경 36
군대개미 37

2장 개미들을 더 가까이 47

곡예개미 48
아르헨티나개미 49
검정목수개미 50
총알개미 51
에치톤 군대개미 52
기간티옵스 53
꿀단지개미 54
잭점퍼개미 55

잎꾼개미 56
도로개미 57
애집개미 58
붉은불개미 59
덫개미 60
거북이개미 61
푸른베짜기개미 62
미국불개미 63

더 알아보기 65   용어 풀이 67   찾아보기 69

반가워요,
어린이 과학자 여러분!

여러분은 개미를 보고 개미에 관해 더 알고 싶었던 적이 있나요? 수백 마리의 개미들이 길게 줄지어 이동하는 것을 보고 어디로 가는지 궁금했던 적이 있을 거예요. 개미가 사는 집이 어떻게 생겼는지, 날개가 달린 개미의 정체가 무엇인지 알고 싶지 않나요? 이 모든 게 궁금하다면 여러분이 바로 어린이 과학자예요!

  이제 여러분은 개미가 어디에 살고 있는지, 어떻게 소통하는지, 무엇을 먹는지에 대해 알게 될 거예요. 개미 군락과 각기 다른 개미 가족들(여왕개미, 수개미, 일개미)의 역할에 대해서도 배울 수 있어요. 밖에서 볼 수 있는 흔한 개미들부터 놀라운 능력을 가진 전 세계의 개미종을 만나 봐요.

  개미가 길을 어떻게 찾는지 특별히 좋아하는 음식이 있는지 실험하는 관찰 활동도 할 수 있어요. 개미의 삶을 직접 관찰할 수 있도록 나만의 개미집을 만드는 법도 알려 줄게요. 개미를 보면서 품었던 호기심이 술술 풀릴 거예요.

  자, 그럼 탐험을 시작합시다!

베벌리 게르데만 박사

1장
놀라운 개미들

개미는 남극, 그린란드, 아이슬란드를 제외한 거의 모든 곳에 살고 있어요. 여러분도 알다시피 개미는 정말 작아서 화물선, 비행기 그리고 심지어 배낭에도 몰래 탈 수 있답니다! 이렇게 이동하면서 새로운 지역에 거주해요. 개미를 연구하는 과학자를 개미 연구가라고 불러요. 개미종은 지금까지 1만 5,000종 이상 확인되었어요. 개미 연구가들은 밝혀지지 않은 개미들이 9,000종 정도 더 있을 거라고 추측해요.

고대 개미들

개미는 아주 먼 고대부터 살던 생물이에요. 이를 증명하는 화석도 있답니다! 어떤 개미는 나무 수액에 갇혀 굳어지기도 했고, 진흙에 갇혀서 화석이 되기도 했어요. 미국 와이오밍주에서 발견된 거대한 '타이타노미르마 루바이'는 호수의 퇴적물에서 화석화된 개미예요. 현재까지 발견된 개미 화석 중 가장 오래된 화석은 1억 년 전 것으로 추정돼요. 이 시기는 지구상에 꽃과 식물이 자라기 시작했을 때랍니다. 개미 연구가들이 개미 세포를 가지고 실험한 결과, 개미는 1억 4천만 년에서 1억 6천 8백만 년 전에 처음 나타났다는 것을 알아냈어요.

6천 6백만 년 전, 공룡을 비롯한 동물 대부분을 죽음에 이르게 한 사건이 있었어요. 많은 과학자는 이 사건이 소행성과 지구의 충돌 때문에 일어났다고 주장해요. 이때 지구에 사는 생물의 80퍼센트가 멸종했지만 개미는 살아남았어요. 개미들은 어떻게 살아남을 수 있었을까요? 고대의 개미들은 잡식성이었어요. 죽은 동물부터 꽃의 꿀, 씨앗, 그리고 과일까지 모든 것을 먹었답니다. 먹을 수 있는 음식이 너무 많아서 개미들은 새로운 환경에서도 살아남을 수 있었어요. 시간이 흐르고 대륙이 갈라지면서 개미들은 지구 곳곳으로 퍼져 나갔어요. 오늘날 개미들은 환경에 맞춰 진화하고 다양하게 변화했어요.

선사 시대 때 존재했던 가장 큰 개미종인 타이타노미르마 루바이(*Titanomyrma lubei*)예요. 이름은 '괴물처럼 커다랗다'라는 의미예요. 길이는 5센티미터 정도였으며, 대략 지금의 벌새만 한 크기였다고 해요.

알고 있었나요?

세계에서 가장 작은 개미는 카레바라 아토마(*Carebara atoma*)예요. 이 개미는 양귀비 씨앗만 한 크기예요. 1밀리미터가 채 되지 않는 미세한 크기이지요. 그렇다면 세계에서 가장 큰 개미는 무엇일까요? 바로 디노포레라 기간티아(*Dinoponera gigantea*)예요. 이 개미는 최대 4~5센티미터까지 자랐어요.

더듬이부터 발까지

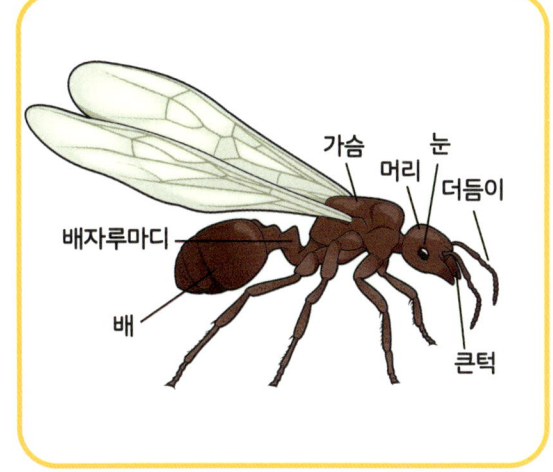

개미는 외골격이라 불리는 단단한 외피를 가진 **무척추동물**이에요. 다른 곤충들처럼 머리, 가슴, 배라는 세 개의 신체 부위가 있어요. 눈이 없는 개미도 있지만, 대체로 머리에 눈이 달려 있어요. 큰 **겹눈** 두 개와 작은 **홑눈** 세 개를 합쳐 무려 다섯 개의 눈이 있지요. 또한 두 개의 구부러진 더듬이와 강한 큰턱을 가지고 있어요. 개미의 큰턱은 하는 일(싸우거나 땅을 파거나 먹이를 나르는 일)에 따라 모양이 조금씩 달라요.

개미의 가슴에는 6개의 다리와 2쌍의 날개(날개가 없는 개미도 있어요.)가 붙어 있어요. 개미는 **배자루마디**(petiole)라고 불리는 가는 허리와 크고 통통한 배를 가지고 있어요. 이 배에 개미의 내장이 들어 있지요. 개미의 반들반들한 외골격에는 특유의 냄새가 나요. 이 냄새로 같은 향을 내는 개미들을 알아봐요. 개미는 몸집이 매우 작지만 힘은 정말 강해요. 그들은 자기 몸무게의 50배가 넘는 물체를 들 수 있어요. 사람으로 치면 몸무게가 22킬로그램인 어린이가 작은 차를 번쩍 들어 올리는 것과 같아요!

알고 있었나요?

흰개미는 종종 개미와 혼동하기 쉬워요. 두 곤충 모두 작고, 집단을 이루어 살죠. 그렇지만 서로 관련이 없답니다. 개미는 벌목 개미과에 속하는 반면, 흰개미는 바퀴목에 속해요. 흰개미의 날개는 서로 크기가 같지만 개미의 날개는 앞날개가 뒷날개보다 더 커요. 그리고 흰개미는 개미처럼 허리가 가늘지 않아요.

개미의 일생

여왕개미는 어두운 땅속에서 작은 타원형의 알을 낳아요. 여왕개미는 알을 낳을 때, 그 알이 일개미가 될지 수개미가 될지를 결정해요. 여왕개미가 혼인 비행을 할 때 비축한 정자로 만들어진 수정란에서 여왕개미와 일개미가 태어나요. 수정되지 않은 알에서는 수개미가 태어난답니다.

 일개미들 사이에는 계급이 있어요. 젊은 개미는 알을 돌보며 유모의 역할을 해요. 알들을 건강하게 유지하기 위해 알을 핥아 박테리아나 곰팡이를 제거하죠. 1~2주가 지나면 알들은 애벌레로 부화해요. 이때는 다리와 눈이 없어서 구부러진 모양의 하얗고 작은 애벌레처럼 보여요. 애벌레는 스스로를 보호하는 가시를 지니고 있어요. 이 가시로 찍찍이처럼 서로 달라붙을 수 있어요. 애벌레가 위험에 처하면, 일개미는 애벌레들을 재빨리 잡아 안전한 곳으로 옮겨 놓아요. 애벌레는 일개미가 가져온 먹이를 먹고 무럭무럭 자라요.

애벌레를 돌보고 있는 일개미

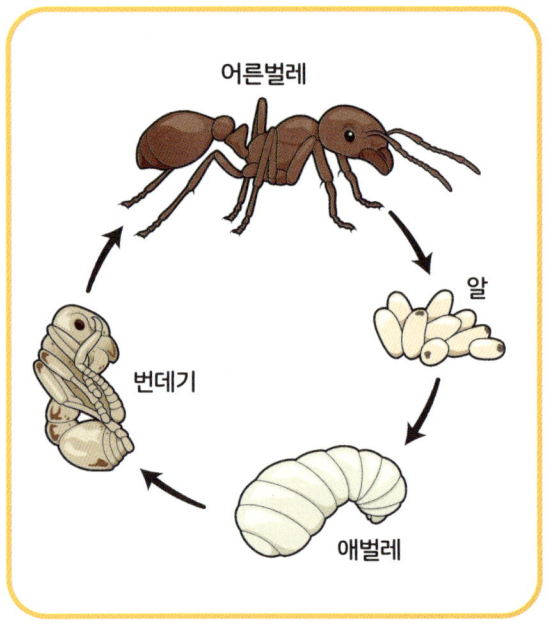

개미의 한살이

약 한 달이 지나면, 일부 애벌레는 고치를 지어서 번데기가 돼요. 일개미들은 번데기를 건조한 방으로 옮겨요. 그리고 온도와 습도가 알맞은지 살펴요. 공기 중의 수분량이 번데기들에게 알맞을 때까지 번데기를 여기저기로 끊임없이 옮긴답니다. 번데기에서 어른 벌레가 되면, 일개미들은 고치를 뜯어서 어린 개미가 나올 수 있도록 도와줘요. 개미는 매년 이렇게 새로운 자손을 낳아 번식한답니다.

알고 있었나요?

여러분은 스스로 폭발하는 개미가 있다는 사실을 알고 있나요? 폭발하는 개미는 세계에 약 15종이 있어요. 특히 동남아시아에 사는 '콜로브피스 익스플로덴스(*Colobpis explodens*)'가 대표적이죠. 이 개미는 위협을 받으면 몸을 세게 쥐어짜서 스스로 터지거나, 끈적끈적한 노란 액체를 뿜어 적을 공격해요.

놀라운 개미들

개미 군락

개미는 사회적인 곤충이에요. 그들은 함께 살면서 하나의 팀을 이뤄 일해요. 개미 집단은 군락이라고 불러요. 종에 따라 개미 군락은 수백 또는 수백만 마리의 개미들로 이루어져요. 개미는 각자 여왕개미, 수개미, 일개미라는 역할을 가지고 있죠. 모든 개미는 개미 군락의 이익을 위해 각자의 역할을 충실히 수행해요.

군락은 하나의 거대한 유기체처럼 작용하죠. 이렇게 사회를 형성하고 특성화된 사회 계급을 가진 곤충 집단을 **진(眞)사회성 곤충**이라고 해요. 벌, 말벌, 개미와 같은 곤충들이 여기에 속한답니다.

이제 개미 군락의 구성원을 만나 볼까요? 아주 특별한 개미, 여왕개미부터 시작하죠!

알고 있었나요?

고대 그리스 역사학자인 플리니우스와 헤로도토스는 금을 캐는 개미들에 관해 이야기했어요. 이 개미들은 금가루가 풍부한 지역에 집을 만들어요. 개미집을 만들기 위해 가져오는 모래나 돌에는 금이 풍부했다고 해요. 이 책을 쓴 베벌리 게르데만 박사는 태평양에 있는 개미집을 연구하던 중, 실제로 작은 금덩어리들을 발견했어요. 금을 캐는 개미는 전설일까요? 혹은 진실일까요?

여왕개미

알을 낳는 여왕개미는 군락에서 가장 강력한 존재예요. 알을 낳아서 군락을 유지할 책임이 있으니까요. 그리고 낳은 알이 일개미가 될지, 수개미가 될지 결정하죠. 여왕개미는 하루에 수천 개의 알을 낳기도 해요. 물론 본인과 같은 여왕개미도 만들 수 있어요. 어떤 수정란이든 애벌레가 부화할 때 영양가 있는 먹이를 많이 먹으면 여왕개미가 될 수 있답니다.

새로운 여왕개미가 번데기에서 나오면 일개미보다 더 큰 몸집과 날개를 뽐내요. 여왕개미는 5년에서 6년을 살 수 있어요. 운이 좋고 보살핌을 잘 받는다면 30년까지도 살 수 있어요! 여왕개미가 죽으면 개미 군락도 함께 죽어요.

여왕개미

알고 있었나요?

일부 개미 군락에는 두 마리 이상의 여왕개미가 있어요. 한 지역에 있는 모든 군락이 서로 연결되면 슈퍼 개미 군락이 만들어져요! 세계에서 가장 큰 슈퍼 개미 군락은 길이가 6,000킬로미터에 이르며, 수십억 마리의 개미가 살고 있답니다.

수개미

수개미는 수컷 개미를 말해요. 수개미는 수정되지 않은 알로 태어나 삶을 시작해요. 크기는 일개미보다 작지만 날개를 가지고 있어요. 개미라기보다는 작은 말벌처럼 보일 때도 있죠. 군락의 다른 개미는 침을 가지고 있지만 수개미는 침이 없어요. 또한 일개미와는 달리 군락 내에서 할 일이 별로 없어요. 그래서 자신의 몸을 닦거나 일개미들이 음식을 먹여 줄 때까지 기다리며 편하게 생활한답니다. 하지만 가장 중요한 임무를 가지고 있어요. 바로 여왕개미와 짝짓기를 하는 거예요. 수개미는 혼인 비행 시기가 되면 여왕개미를 찾아 날아올라요. 그리고 짝짓기를 끝내면 수개미는 죽어요. 개미집에 남아 있는 수개미들도 모두 쫓겨나거나 물려 죽게 되죠.

수개미

일개미

개미 군락은 일개미와 수개미를 대량 생산하는 공장과 같아요. 군락의 개미들은 대부분 일개미인데, 이들은 모두 암컷이에요. 일개미는 수정된 알로 태어나 삶을 시작해요. 일개미의 알도 수개미나 장래에 여왕개미가 될 알과 생김새가 같아요. 알이 부화하면 유모 역할을 하는 일개미는 애벌레에게 먹이를 먹

일개미

여요. 어떤 개미종은 애벌레에게 작은 곤충이나 씨앗을 먹이기도 해요. 일개미 애벌레는 무력해 보일지 모르지만, 다른 개미종의 애벌레는 단단한 먹이를 씹고 그것을 액체로 만들어서 반대로 어른벌레가 먹이를 먹을 수 있도록 돕기도 해요. 애벌레가 어른벌레가 되면 군락의 이익을 위해 일해요.

그렇지만 모든 일개미가 평등한 지위를 가진 것은 아니에요. 늙은 일개미는 젊은 일개미만큼 가치 있지 않아서, 더 위험한 일을 수행해야 해요. 반면에 젊은 일개미는 안전한 굴 안에서 애벌레를 보살피죠. 젊은 일개미는 먹이를 찾거나 개미집을 지키기 위해 목숨을 바치는 늙은 일개미보다 지위가 더 높다고 할 수 있어요.

메이저와 마이너라는 두 가지 유형으로 일개미를 나누는 개미종도 있어요. 메이저 일개미는 커다란 머리와 큰 아래턱을 가지고 있어요. 그래서 개미집을 지키는 병정 역할을 하며, 마이너 일개미보다 지위가 더 높아요.

개미에게 나는 냄새는 개미가 수행하는 일과 관련이 있어요. 쓰레기나 죽은 개미를 둥지 밖으로 나르는 잎꾼개미의 일개미들에게는 부패하고 썩은 냄새가 나요. 이들은 균이나 질병에 직접적으로 노출되기 쉬워요. 그래서 다른 일개미들은 군락을 건강하고 안전하게 지키기 위해 그들에게서 멀리 떨어져 있답니다.

목수개미의 메이저 일개미(오른쪽)는 마이너 일개미(왼쪽)보다 두 배 정도 몸집이 커요.

놀라운 개미들

젊은 일개미는 알과 애벌레를 보살펴요. 일부는 번데기를 깨끗하게 유지하고 애벌레가 잘 부화하도록 도와줘요. 여왕개미를 깨끗이 씻기고 먹이를 먹이는 일개미도 있어요. 또 다른 일개미는 개미집 밖에서 일을 해요. 그들은 개미집의 입구를 지키거나 식량을 보호하는 일을 해요. 먹이를 찾거나 새로운 굴을 건설하기도 한답니다. 이렇게 개미집 밖에서 하는 일은 위험하기 때문에 지위가 낮은 늙은 일개미가 맡아요. 일개미는 수명이 길고 기억력도 좋아요. 그래서 일을 빠르게 배울 수 있답니다.

알고 있었나요?

잎꾼개미는 버섯(균류)을 키우는데, 여기에서 많은 쓰레기가 나와요. 개미는 쓰레기 냄새를 역겨워하고 싫어해요. 그래서 이 쓰레기를 군락 밖에 무더기로 버려요. 농부들은 잎꾼개미로부터 농작물을 보호하기 위해 쓰레기를 주워 농작물 주위에 뿌린답니다!

목수개미의 수개미(왼쪽), 여왕개미(오른쪽), 일개미(아래쪽)

집 짓기

개미 군락은 처음에 어떻게 만들어질까요? 봄이 되면 수천 마리의 개미가 떼를 지어 혼인 비행을 해요. 여왕개미는 짝짓기 직후 자신의 날개를 잘라 내요. 그리고 턱과 앞다리를 이용해 땅속에 작은 굴을 파고 첫 알을 낳아요. 여왕개미는 알이 부화할 때까지 정성스레 보살펴요. 이 알이 애벌레에서 번데기가 된 후 마침내 어른벌레가 되면, 껍질을 뚫고 나올 수 있도록 입으로 껍질을 잘라 줘요. 여왕개미는 새로 태어난 일개미들과 굴을 확장하고, 다시 알 낳기에 집중해요. 일개미들은 각자 일을 나눠 수행해요. 이렇게 새로운 군락이 탄생하는 거예요!

일개미들은 빠르게 늘어나는 가족이 지낼 공간을 마련하기 위해 터널과 방을 계속 파요. 천장이 낮은 방도, 높은 방도 있고 바닥이 매끄러운 방도 있어요. 모든 방은 깔끔한 터널로 연결되어 있어요. 일개미는 정리 정돈을 정말 잘해요. 그들은 찌꺼기와 똥을 **두엄 더미**라 불리는 쓰레기 방으로 옮겨요. 애벌레들을 키우는 데만 사용되는 방도 있어요. 음식으로 가득 찬 식료품 저장실도 있답니다!

여왕개미에게는 알을 낳는 자신만의 방이 있어요. 개미집의 규모가 커질수록 많은 터널과 방은 미로처럼 복잡해져요. 이것은 적이나 포식자들을 혼란스럽게 하고, 군락을 안전하게 지키는 데 안성맞춤인 형태랍니다. 개미는 다양한 방식으로 방을 활용해요. 꿀단지개미는 배를 꿀로 가득 채운 채 방 천장에 매달려 있어요. 씨앗을 모으는 개미는 천장이 낮은 방에 씨앗을 저장해요. 잎꾼개미는 방에 균을 모아 놓죠. 또 어떤 개미는 진딧물을 특별한 방에 가두고 진딧물이 배설하는 달콤한 감로를 마셔요. 개미는 이 감로를 정말 좋아해요.

군대개미는 거처를 자주 옮겨 다녀서 짧은 시간 동안만 머무는 임시 집을 지어요. 물론

여왕개미는 짝짓기 직후 알을 낳기 위해 땅굴을 파기 시작해요.

수십 년 이상 살 수 있는 개미집도 있죠. 또한 모든 개미집이 흙 속에 지어지는 것은 아니랍니다. 예를 들어 프세우도 미르멕스(*Pseudo murmex*)개미는 아카시아 나무에 달린 가시 속에 집을 만들어요. 베짜기개미는 나무 위에서 나뭇잎으로 집을 만들죠. 베짜기개미 일개미들은 함께 잎을 당기고, 애벌레가 내뿜은 비단실로 잎을 엮어요! 이런 개미집은 야외에 만들어졌기 때문에 경비에 신경 써야 해요. 그래서 병정개미들이 입구를 지키거나 바위 또는 통나무 아래에 아무도 모르게 입구를 만들기도 해요. 때때로 개미 군락들은 서로 연합해요. 다른 대륙에 있는 수천 개의 개미 군락과 연결되어 슈퍼 개미 군락을 이루기도 해요!

일개미는 개미집의 방을 서로 이어 주는 매끄러운 터널을 파요.

베짜기개미는 애벌레가 내뿜은 비단실을 이용해 잎을 엮어 집을 만들어요.

꿀단지개미

자세히 보기

개미집에는 개미만 살고 있는 것이 아니에요. 모든 개미가 각자 맡은 역할을 열심히 하기 때문에 개미집은 따뜻하고 먹을 것이 많이 있답니다. 그래서 다른 절지동물들에게 개미집은 정말 탐나는 보금자리죠. 개미집에 사는 절지동물은 손님 또는 개미와 공생하는 생물이라고 불려요. 일부 절지동물은 개미와 똑같이 생겼어요. 그래서 개미는 그들이 자신들의 일원인 줄 알아요. 어떤 개미는 손님을 자기 새끼처럼 돌보기도 해요. 개미가 모든 손님을 환영하는 것은 아니에요. 하지만 절지동물들이 매끄러운 몸으로 요리조리 잘 빠져나가기에 그냥 그들을 머무르게 하는 거죠. 어떤 손님은 개미의 알과 애벌레를 먹고, 청소부 역할을 하는 동물은 죽은 개미와 병든 개미를 먹어요. 개미 연구가들은 딱정벌레, 좀벌레, 진드기, 콩벌레 등을 포함한 3,000종 이상이 개미와 공생한다고 추측해요.

개미의 소통

어두운 땅속에서 개미들은 **페로몬**이라고 불리는 화학 물질로 서로 소통해요. 개미는 우리가 언어로 대화하듯이 페로몬으로 서로 대화할 수 있어요. 개미 몸에는 페로몬을 생산하는 분비샘이 있어요. 어떤 분비샘에서는 경보를 알리는 물질을 만들 수 있고, 또 다른 분비샘은 도움을 요청하는 물질을 만들 수 있어요. 적을 혼란스럽게 하거나 집에서 쫓아내기 위한 경고 물질을 내뿜기도 하죠.

개미들이 소통하는 또 다른 방법은 접촉하는 것이에요. 개미들은 굴 속 어두운 터널을 지나갈 때 더듬이로 서로를 만지며 친숙한 냄새를 확인해요. 일개미는 입을 두드리며 다른 일개미에게 먹이를 요구해요. 심지어 개미 애벌레도 의사소통을 할 수 있어요. 그들은 몸을 앞뒤로 흔들며 먹이를 요구한답니다.

개미들은 소리와 진동을 이용해 소통하기도 해요. 대부분의 개미는 배를 문지르거나 두드려 높은음의 삐걱거리는 소리를 내요. 만약 개미가 혼자 동굴에 갇혔다면, 몸으로 이 소리를 내서 도움을 요청할 거예요. 소리를 들은 동료들은 다리에 진동을 느끼고 서둘러 구조하러 간답니다!

개미는 예민한 더듬이를 이용해 친숙한 가족의 냄새를 확인해요.

알고 있었나요?

개미집의 흙이 땅 위로 솟아올라 만들어진 개미탑은 나침반으로 사용될 수 있어요. 개미는 탑을 쌓을 때, 태양의 온기를 흡수하기 위해 가장 긴 경사를 항상 남쪽으로 배치하거든요.

개미를 관찰해 봐요

개미들은 가야 할 곳이 있을 때, 행렬을 계속 유지하기 위해 노력해요. 만약 그들이 작은 장애물에 맞닥뜨리면 어떻게 될까요? 개미는 힘이 세서 작은 조약돌이나 막대기 같은 것들을 치울 수 있어요. 그래서 먹이를 가지고 집으로 안전히 돌아가죠. 여러분 주변에 있는 개미들은 장애물을 돌아갈까요? 타고 오를까요? 아니면 옮길까요? 관찰해 봐요!

활동에 필요한 것
개미가 다니는 길, 모래 알갱이, 잔디

1. 떼를 지어 먹이를 찾아다니는 개미들을 찾아보세요. 개미가 다니는 길에 모래알을 조금 뿌려 주세요. 그런 다음, 길 위쪽에 잔디를 몇 개 놓으세요. 길의 다른 쪽에는 모래와 풀을 넓게 뿌려 개미가 다니는 길을 완전히 막으세요.
2. 4시간 후, 개미들이 장애물을 극복했는지 확인해 보세요.

먹이 찾기

개미는 여러 가지 음식을 먹고 다양한 방식으로 먹이를 얻어요. 어떤 개미는 사교적이고 동료들과 음식을 나눠 먹기도 해요. 개미는 소낭이라고 불리는 모이주머니에 먹이를 일시 저장해요. 개미가 다리로 동료의 입을 두드리면, 동료 개미는 맛있는 먹이를 뱉어요. 이러한 행위를 **영양 교환**이라고 해요. 이것은 곤충 사회에서 애벌레와 어른벌레가 서로 분비물이나 먹이를 교환하는 일이랍니다. 영양 교환은 단순한 식사가 아니에요. 이 행위는 개미의 정보, 군락의 건강과 식단에 대한 단서들이 담겨 있어 중요한 기능을 해요.

개미는 정말 다양한 종류의 음식을 먹어요. 어떤 개미들은 채식을 선호해서 땅에 있는 씨앗을 모으거나 직접 따기도 해요. 그들은 껍질을 씹어서 떼어 내고 알맹이는 집으로 가져가요. 축축한 씨앗에 곰팡이가 나는 것을 막기 위해 햇볕에 말린 뒤, 먹이를 저장하는 방에 보관해요. 또 어떤 개미는 식물의 달콤한 수액을 먹고 살아요. 잎꾼개미는 잎을 모아 균사체를 키워 먹는답니다.

일부 개미종은 직접 먹이를 사냥하지 않고 먹이를 훔쳐요. 다른 개미집 근처에 집을 지은 다음, 먹이를 가지고 돌아오는 일개미의 짐을 강탈하죠. 또 다른 개미종은 이웃 개미

개미들은 입을 만져서 서로 음식을 건네줄 수 있어요. 이것은 마치 입맞춤하는 것처럼 보여요.

가 버린 쓰레기 더미를 뒤져 먹이를 얻어요. 특히 군대개미는 큰 무리를 지어 이동하면서 다른 개미집에 쳐들어가요. 그들이 가장 좋아하는 먹이인 애벌레와 번데기를 훔쳐 가기 위해서죠. 어떤 개미는 먹이가 부족해지면 애벌레를 먹기도 한답니다.

일부 개미는 혼자서 사냥을 하고 집으로 먹이를 가져와요. 반대로 무리 지어 사냥하는 개미도 있어요. 무리 중 정찰병 역할을 하는 개미를 이용해 먹이를 찾으면 일개미는 그것을 개미집으로 운반하죠. 정찰병 개미는 배를 땅바닥에 질질 끌면서 다녀요. 먹이로 가는 길을 표시하기 위해 냄새 흔적을 남기는 것이지요. 먹이를 찾아다니는 일개미는 이 흔적을 따라 다시 집으로 돌아가는 길을 찾을 수 있답니다. 어떤 냄새 흔적은 몇 달 동안이나 남아 있기도 해요. 이 흔적은 굵은

나뭇가지와 잔가지들이 달린 나무처럼 보이기 때문에 트렁크 자국이라고 불러요.

개미가 지나는 길은 작은 돌, 나뭇가지 등을 치우는 일개미들에 의해 깔끔하게 유지돼요. 수십만 마리의 개미가 매일 이 길을 이용하죠. 하지만 종종 사람이나 동물 때문에 흔적이 없어지기도 해요.

또한 개미는 집에서 멀리 떨어진 곳에서도 먹이를 찾거나 구할 수 있어요. 개미는 땅의 흔적을 기억할 수 있고, 별을 보고 집으로 돌아가는 길을 찾을 수 있어요. 정말 놀랍고 위대하지 않나요?

개미들의 행렬을 따라가 보세요. 여러분은 그 끝에서 개미들이 좋아하는 먹이를 발견할 수 있을 거예요!

알고 있었나요?

드라큘라개미로 유명한 아데토미르마 베나트릭스(*Adetomyrma venatrix*)는 마다가스카르 고유종이에요. 이 개미는 이상한 습성이 있어요. 그들은 애벌레의 용혈, 즉 '피'를 마셔요!

개미를 관찰해 봐요

관찰 체험

여러분은 개미들이 냄새 흔적을 만들어 먹이가 있는 곳으로 동료들을 안내한다는 것을 배웠어요. 만약 개미가 다니는 길의 냄새 흔적을 없애면 어떤 일이 일어날까요?

활동에 필요한 것
개미가 다니는 길, 비눗물

1. 줄지어 걷고 있는 개미들을 찾으세요. 그들은 길 또는 나무를 따라 걸어갈 거예요. 심지어 정원 호스를 따라가고 있을지도 몰라요!
2. 손가락에 비눗물을 묻힌 다음, 개미들이 다니는 길의 일부분에 문지르세요.
3. 개미들이 비눗물을 묻힌 지점에 왔을 때 어떤 일이 일어나는지 관찰하세요. 그대로 지나가나요? 방향을 바꾸나요? 아니면 그 길을 포기하나요?

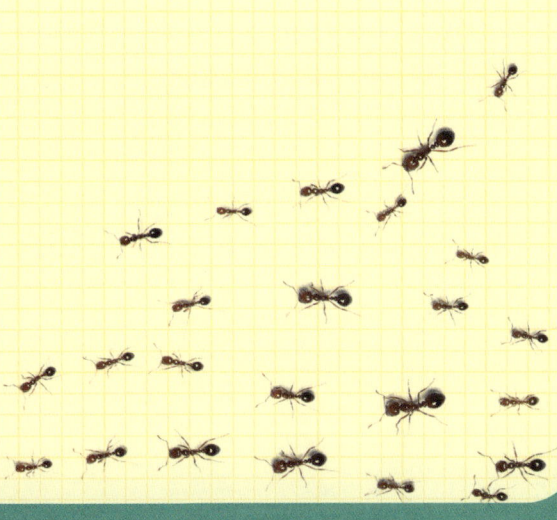

놀라운 개미들

포식자와 기생충

개미에게는 사방에 위험이 도사리고 있어요. 개미는 도마뱀과 새는 물론, 여러 곤충들의 맛있는 먹이가 되거든요. 개미는 이러한 포식자들에 대항해 물거나 쏘면서 스스로를 방어해요. 일개미의 경우 독 분비선에 연결된 침을 가지고 있어요. 이 독침은 매우 고통스럽고 알레르기 반응을 일으켜요. 어떤 종은 독침을 쏘는 대신 독을 뿌리기도 해요.

몇몇 곤충은 개미가 스스로를 방어하는 방식을 잘 알고 있어요. 딱정벌레의 일종인 반날개는 개미집 안에 숨거나 입구 근처에서 매복해요. 그리고 돌아오는 일개미들을 습격해 죽여요. 반날개는 공격을 받으면 악취를 내뿜고 도망쳐요. 명주잠자리의 애벌레인 개미귀신은 개미의 천적이에요. 그들은 모래에 원뿔 모양의 구덩이를 만들어요. 그리고 구덩이 바닥에 파묻혀 턱을 벌린 채 먹이를 기다리죠. 개미가 이 구덩이에 빠지면 절대 밖으로 나갈 수 없어요. 바로 개미귀신의 입 속으로 미끄러져 들어간답니다!

반날개(위)와 개미귀신(아래)은 개미의 천적이에요.

개미는 몸 안에서 기생충이 자라기도 해요. 예를 들어, **벼룩파리**는 일본 왕개미 몸에 알을 낳아요. 알이 작은 구더기로 부화하면 구더기는 먹이를 먹기 위해 본격적으로 개미의 몸 안으로 들어가 기생해요. 구더기가 어른벌레가 되면 개미의 머리 밖으로 탈출하는데, 이때 개미 머리는 잘리게 돼요. 그래서 개미는 주변에서 벼룩파리가 윙윙거리는 소리를 내면 몹시 당황해요.

> **알고 있었나요?**
>
> 1983년에 저스틴 슈미트 박사는 '슈미트 통증 지수'를 개발했어요. 이것은 벌, 개미, 말벌의 침이 얼마나 아픈지에 따라 네 가지 등급으로 나눈 척도예요. 가장 고통이 심한 4등급은 총알개미와 타란툴라 호크에 의해 발생하는 통증이에요. 이 고통은 마치 '활화산이 터져 흐르는 곳에 갇힌 것 같은 느낌'이라고 해요.

개미집에 사는 딱정벌레는 개미의 알, 애벌레 그리고 다 자란 개미까지 먹이로 삼아요.

놀라운 개미들

자세히 보기

일부 열대 지역에 사는 개미는 가끔 좀비처럼 이상한 행동을 해요! 이것은 개미의 행동을 지배하기 위해 화학 물질을 방출하는 곰팡이 때문이에요. 곰팡이에 감염된 개미는 집으로 가지 않고, 곰팡이가 번식하기 좋은 장소로 이동해요. 개미는 정확히 정오가 되면 나뭇잎 밑으로 기어가서 죽을 만큼 강한 힘으로 나뭇잎을 꽉 물어요. 이것을 데스 그립(death grip)이라고 해요. 곧 곰팡이가 나와 개미를 나뭇잎에 단단히 붙여요. 밤이 되면 곰팡이에서 포자가 터져 숲의 바닥으로 떨어져요. 다른 개미들이 이 포자와 접촉하면, 똑같이 감염되고 말아요. 이렇게 좀비 개미가 끝없이 만들어져요!

개미 vs 개미

개미는 먹이와 영역을 차지하기 위해 서로 싸우기도 해요. 어떤 종의 병정개미는 전투에 적합한 거대한 머리와 턱을 가지고 있어요. 또 다른 개미종은 페로몬을 사용해 개미집에 위험을 알리거나 적을 혼란스럽게 만들기도 해요. 또한 개미들을 노예로 사용하기 위해 일부러 잡아가는 개미도 있어요. 일부 꿀단지개미들은 자신들보다 더 약한 꿀단지개미 군락을 공격해요. 그들은 여왕개미를 죽이고 일개미들을 사로잡아 노예로 만든답니다.

특히 아마존개미는 다른 개미들을 죽이기에 매우 적합한 낫 모양의 큰턱을 가지고 있어요. 하지만 이러한 턱 모양은 애벌레와 번데기를 돌보고, 개미집을 짓는 데 적합하지 않아요. 그래서 아마존개미에게는 일을 대신해 줄 노예가 필요하죠. 정찰병 역할을 하는 개미가 근처 군락에 대한 소식을 가지고 돌아오면, 아마존개미는 냄새 흔적을 따라 그곳으로 향해요. 군락에 도착하면 일개미들을 보이는 대로 모두 죽이고 번데기를 훔쳐요. 번데기에서 어른벌레가 나오면 먹이를 주고 돌보며 노예로 부려 먹지요.

재치 있게 적을 속이는 개미도 있어요! 사막에 사는 작은 개미종인 코노머마개미는 먹

아르헨티나개미가 자신보다 훨씬 큰 불개미와 싸우고 있어요.

아마존개미

놀라운 개미들

이를 발견하면 즉시 군대를 풀어 그들의 적인 꿀단지개미들을 포위해요. 그리고 꿀단지개미의 굴 속으로 작은 돌들을 떨어뜨려 입구를 막아요. 그러면 굴 속에 있는 꿀단지개미들은 돌을 치우기 바쁘죠. 이 틈을 타 코노머마개미들은 모든 먹이를 자신들의 집으로 운반해요.

> **알고 있었나요?**
>
> 전 세계의 많은 사람이 개미를 먹어요. 개미는 톡 쏘는 감귤 맛이 난다고 해요. 동남아시아의 태국과 라오스에는 베짜기개미의 알, 민트 잎, 파, 칠리 고추, 생선 소스로 만든 베짜기개미 샐러드가 있어요. 이 특별한 음식은 고기보다 훨씬 더 비싸답니다!

개미를 관찰해 봐요

여러분 주변에 있는 개미들은 어떤 음식을 좋아할까요? 개미는 빠르게 에너지를 낼 수 있는 음식이 필요해요. 그래서 단 음식을 좋아하지요. 죽은 곤충이나 작은 고기 조각과 같은 단백질을 찾는 경우도 많아요. 개미가 무슨 음식을 좋아하는지 알아봐요!

활동에 필요한 것
개미가 지나간 길 또는 개미집
얕은 접시 4개 (병뚜껑도 괜찮아요.)
사탕
작은 고기 조각이나 햄버거 조각
레몬 조각
빵 또는 크래커 조각

1. 개미가 지나간 길 또는 개미집을 찾으세요.
2. 각 접시에 준비한 음식들을 담으세요.
3. 접시를 개미가 지나간 길이나 개미집 근처에 놓고 무슨 일이 벌어지는지 관찰하세요!

개미들이 어떻게 반응하나요? 그들이 처음 선택한 음식은 어떤 것인가요? 몇 시간 후에 다시 확인해 보세요. 개미들이 가장 많이 모여 있는 접시는 어느 것인가요?

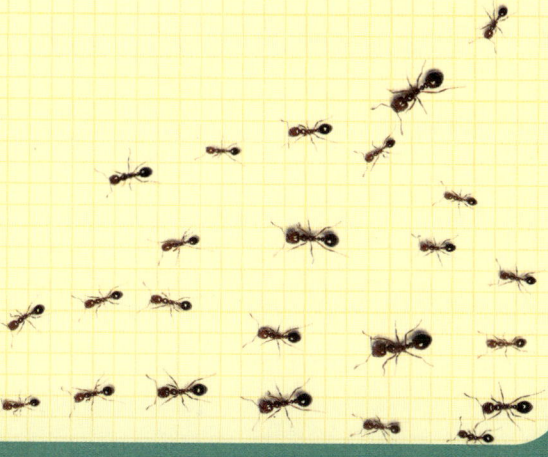

놀라운 개미들

개미와 감로

개미는 다른 곤충들로부터 먹이를 얻으면 보답으로 그들을 보호해 줘요. 이러한 관계를 **공생 관계**라고 해요. 개미와 다른 곤충들은 공생 관계를 맺고 서로 도움을 줘요. 진딧물과 개미의 관계가 대표적이죠. 진딧물은 식물의 수액을 먹고 감로라는 달콤한 액체를 엉덩이에서 뿜어내요. 개미는 이 감로를 매우 좋아해요!

개미는 감로를 얻기 위해 식물에 붙어 있는 진딧물들을 보살펴요. 개미는 진딧물들이 사는 식물 바로 아래에 집을 지어요. 진딧물이 공격을 받으면, 개미들은 집에서 뛰쳐나와 줄기를 타고 올라오죠. 그리고 진딧물에 알을 낳으려는 포식자나 작은 말벌들을 공격해요. 개미들은 더듬이로 정성스레 진딧물을 쓰다듬어요. 그 보답으로 진딧물은 개미에게 맛있는 감로를 선물해요.

진딧물을 돌보는 불개미

애벌레를 돌보는 불개미

부전나비과의 애벌레도 감로를 만들 수 있어요. 그래서 개미는 애벌레를 개미집으로 데려와 보살펴요. 개미가 애벌레를 쓰다듬으면 애벌레의 모공에서 감로가 나와요. 개미는 감로를 얻은 보답으로 기생 말벌과 파리들로부터 애벌레를 지켜 줘요. 이렇게 개미의 도움으로 무럭무럭 자란 애벌레는 나비가 되어 개미집을 떠나요.

> **알고 있었나요?**
>
> 일부 새들은 외부의 기생충을 제거하기 위해 개미를 이용해요. 새들은 개미탑이나 그 근처에 누워서 날개를 펼쳐요. 그런 다음 개미들이 날개 위로 기어 오르도록 놔두죠. 이때 개미가 쏘는 개미산으로 진드기나 기생충을 쫓아 버려요!

가루깍지벌레를 보살피고 있는 개미들

놀라운 개미들

개미와 환경

개미는 우리가 살고 있는 지구에 꼭 필요한 존재예요. 개미는 개미집을 만든 후 계속해서 수리하고 확장해요. 연구가들은 개미가 흙을 움직이고 흙에 공기를 통하게 한다는 점에 주목해요. 그래서 개미들이 지렁이만큼 토양 환경에 중요하다고 생각하죠! 또한 개미는 **자연의 분해자** 역할도 한답니다. 목수개미는 오래된 통나무와 그루터기 안에 집을 지으면서 나무를 분해해요. 어떤 개미종은 씨앗을 모아 퍼뜨리는데, 이 씨앗이 싹을 틔워 새로운 식물을 자라나게 해요.

개미는 농부에게도 도움을 줘요! 일부 개미종은 목화다래벌레와 같은 농작물의 해충을 잡아먹어요. 또한 라임병을 옮기는 진드기나 질병을 옮기는 작은 절지동물들도 먹고 살아요. 만약 지구상의 모든 개미가 죽는다면, 그야말로 재앙이 닥칠지도 몰라요. 우리는 온갖 질병에 쉽게 노출되고 농작물에는 해충이 들끓을 거예요. 개미를 먹고 사는 곤충과 동물들 또한 멸종하고 말겠죠!

어떤 식물들은 생존을 위해 씨앗을 퍼뜨려야 해요. 이때 개미가 필요하답니다.

알고 있었나요?

아마존 마웨 부족의 젊은이들은 전사가 되기 위해 특이한 의식을 치러요. 총알개미들이 득실거리는 장갑을 한 달에 20번 정도 5분 동안 착용해야만 해요. 통증이 너무 심해서 매번 팔이 마비될 정도라고 해요!

군대개미

군대개미는 전 세계에 200여 종이 넘게 서식하고 있어요. 그중에서 아프리카 군대개미와 남미 군대개미가 가장 유명해요. 군대개미라는 명칭은 다른 개미종과 다르게 유랑하는 습성 때문에 붙여졌어요. 그들은 큰 무리를 지어 함께 이동하며 먹잇감을 공격해요. 사냥을 위해 끊임없이 이동하면서 임시 집을 짓는답니다. 군대개미는 최대 2천만 마리가 넘는 군락을 형성해요. 군락의 규모가 매우 크고 빠르게 성장해서 3년마다 군락을 분리하기도 하죠. 만일 군락의 여왕개미가 죽으면 남은 개미들은 다른 군락에 빨리 합류해야 해요. 그렇지 않으면 군락 전체가 몰락하고 말아요.

에치톤 군대개미(*Eciton burchelli*)는 턱 안쪽에 이빨이 있어요.

이동 생활에 적합한 몸

군대개미는 무리를 지어 개미집을 이리저리 옮기며 이동해요. 이렇게 이동하는 생활 방식에 적합하도록 진화한 거예요. 군대개미의 구성원은 여느 개미종과 비슷하게 여왕개미, 수개미, 일개미로 이루어져 있어요. 여왕개미는 눈이 보이지 않고, 날개가 없으며 거대한 복부를 가지고 있어요. 이동할 때가 되면,

군대개미의 여왕개미

복부를 수축하면서 군락의 개미들과 함께 이동해요. 매달 3백만에서 4백만 개의 알을 생산해요.

수개미는 몸집이 크고 날개가 있으며 시력이 꽤 좋아요. 그래서 짝짓기를 하기 위해 여왕개미를 찾으러 다니죠. 일개미는 보통 시력이 퇴화됐지만, 약간의 시력이 남아 있는 종도 있어요. 군대개미는 주로 냄새와 촉각을 이용해 무리를 지어 이동한답니다!

이동 생활

군대개미는 각기 다른 방식으로 열대 우림을 지나가요. 그들이 행진하면 마치 두꺼운 검은 밧줄이 살아 움직이는 것처럼 보이죠. 눈에 띄지 않게 흙벽이나 흙 아래에 숨겨진 공간을 따라 이동하기도 해요.

또한 일개미가 만든 좁은 기둥으로 이동하거나 전방에 넓게 퍼져 떼를 지어 이동할 수도 있어요. 모든 군대개미는 여왕개미의 지시에 따라 멈추고 움직여요. 만약 여왕개미가 알을 낳으면, 군락은 한곳에서 몇 주 동안 정착해요. 이때 개미집을 파는 대신, 비바크(Bivouac)를 만들어요. 비바크는 살아 있는 개미들로 만들어진 집이랍니다. 개미들은 이 집을 만들기 위해 서로 발을 걸어 여왕개미와 새끼들을 감싸요. 주로 속이 빈 통나무와 커다란 열대 나무뿌리 사이에 만들어요. 어떤 종은 땅에 개미집을 짓고 그곳에서 몇 달

군대개미는 몸으로 다리나 사슬을 만들어 장애물을 넘어요.

을 지내기도 해요. 여왕개미가 알을 다 낳으면 군락은 다시 움직입니다.

일개미와 병정개미

일개미는 거대한 군락을 먹여 살릴 만큼 충분한 먹이를 찾아야 해요. 일개미는 어떻게 먹이를 사냥할까요? 일개미가 먹이를 발견하면, 앞줄에 있는 무리가 뒤로 이동하고 새로운 일개미들이 앞으로 나서서 공격해요. 너무 커서 옮기기 힘든 먹이는 여러 조각으로 잘라요. 집으로 돌아갈 때는 뒤에 있는 무리가 잘 따라올 수 있도록 땅에 냄새 흔적을 남겨요. 일개미는 애벌레들도 운반해야 해요. 일개미는 이 일을 하기에 적합한 턱을 가지고 있어요.

병정개미는 일개미와 다르게 한 가지 일만 해요. 바로 군락을 보호하는 일이죠. 그들은 거대한 머리와 턱을 가지고 있어요. 병정개미는 군락의 가장자리를 따라 움직이며 경계를 늦추지 않아요. 병정개미의 턱은 너무 크기 때문에 스스로 먹이를 먹을 수 없어요. 그래서 동료들이 대신 먹이를 먹여 줘요.

애벌레를 운반하고 있는 군대개미의 일개미들

알고 있었나요?

군대개미는 대부분 앞을 보지 못하는 장님개미예요. 그래서 뒤따르는 개미는 앞서가는 개미가 남긴 페로몬 흔적을 따라가요. 그러다 가끔 맨 앞에 가는 개미가 방향을 잃고 원을 그리면 뒤따르는 개미들도 다함께 원을 그리며 돌아요. 이러한 현상을 앤트 밀(ant mill)이라고 해요. 한번 앤트 밀이 만들어지면, 군대개미는 지쳐서 죽을 때까지 계속 원을 돈다고 해요.

개미가 더 달콤한 음식을 찾아낼 수 있을까요?

개미는 단것을 너무나 좋아해요. 만약 달콤한 음식이 많이 있다면, 개미는 그중 더 달콤한 음식을 찾아낼 수 있을까요? 그 차이를 구별할 수 있을까요? 간단한 실험을 통해 알아낼 수 있답니다!

활동에 필요한 것
소형 플라스틱 용기 2개
설탕
물
파란색 식용 색소
빨간색 식용 색소
종이 타월

1. 작은 용기에 4분의 1 분량으로 물을 채우고 작은 숟가락으로 설탕 1숟가락을 섞으세요. 빨간색 식용 색소를 두 방울 떨어뜨리세요. 이것은 덜 달콤한 액체가 될 거예요.
2. 다른 용기에 4분의 1 분량으로 물을 채우고 작은 숟가락으로 설탕 2숟가락을 섞으세요. 파란색 식용 색소를 두 방울 떨어뜨리세요. 이것은 더 달콤한 액체예요.
3. 종이 타월의 두 모서리를 작게 찢으세요.
4. 종이 타월 한 장을 빨간색 식용 색소를 넣은 물에 담갔다가 다른 종이 타월 위에 올려 두세요.
5. 파란색 식용 색소를 넣은 물에도 종이 타월을 담근 후 꺼내 다른 종이 타월 위에 올려 두세요.
6. 젖은 두 종이 타월을 개미가 있는 곳에 놓은 다음, 무슨 일이 일어나는지 관찰해 보세요!

개미는 덜 달콤한 종이(빨간색)를 좋아하나요? 더 달콤한 종이(파란색)를 좋아하나요? 둘 다 좋아하나요? 아니면 종이를 그냥 피하나요?

군대개미의 식성

군대개미의 군락은 규모가 거대해서 많은 먹이가 필요해요. 이들은 무리를 이뤄 사냥해요. 이 맹렬한 사냥꾼들은 몸집의 몇 배나 되는 먹이를 포획해요. 군대개미가 지나가면 그 어떤 것도 안전하지 않아요. 지네만 먹는 종도 있고, 흰개미나 다른 여러 곤충들을 먹는 종도 있어요. 심지어 군대개미는 몇 배나 큰 개구리와 뱀 같은 동물들을 죽이기도 해요.

에치톤 군대개미가 집으로 돌아가는 덫개미를 잡았어요! 이렇게 군대개미는 다른 개미종을 먹이로 삼아요.

알고 있었나요?

연구가들은 군대개미의 허리를 턱으로 꽉 물어서 엉덩이인 척 하는 '님피스터 크로나우에리(Nymphister kronaueri)'라는 작은 딱정벌레를 발견했어요. 이 딱정벌레는 개미 엉덩이인 것처럼 위장해서 개미를 이동 수단으로 사용해요. 심지어 군대개미와 같은 냄새도 풍겨요!

놀라운 개미들

나만의 개미집을 만들어 봐요

개미들을 가까이에서 관찰하고 싶은가요? 여러분이 직접 개미집을 만들어 보세요!

집에서 간단히 개미집 만드는 방법을 설명해 줄게요. 물론 상점이나 온라인에서 개미집을 구입할 수도 있어요. 개미집을 구입하는 경우, 관리하는 방법이 포함된 설명서나 웹페이지가 있는지 확인하세요. 그리고 개미집을 분해해서 청소할 수 있는지 반드시 확인하세요. 또한 적정량의 물을 넣는 방법도 알아야 해요. 개미집을 만들기 전에, 여러분은 개미들을 보살필 책임감을 지녀야 해요. 개미뿐만 아니라 모든 동물을 키우려면 보살핌과 관심이 필요하거든요.

나만의 개미집은 일개미 관찰용으로만 사용할 수 있어요. 여왕개미가 없기 때문에 여러분은 알과 어린 개미는 볼 수 없을 거예요. 개미집을 만든 후 몇 주에서 몇 달 정도 지나면 일개미가 집을 짓고 먹이를 먹는 것을 관찰할 수 있어요. 개미 관찰이 끝나면, 개미를 찾았던 곳으로 꼭 돌려보내 주세요.

활동에 필요한 것

개미들이 자주 보이는 개미탑

개미탑 근처의 흙

물을 채운 분무기

뚜껑이 있고 입구가 큰 병 1개

뚜껑이 있고 입구가 작은 병 1개

(큰 병 안에 작은 병이 완전히 들어가야 하고, 큰 병과 작은 병 사이에 여분의 공간이 있어야 해요.)

숟가락

면봉

올리브 오일

작은 못

망치

달콤한 음식 조각

개미집 만들기

1. 개미들이 자주 보이는 개미탑을 찾으세요.
2. 개미탑 근처에서 흙을 채취하세요.
3. 분무기로 흙을 가볍게 적신 후, 흙이 촉촉해질 때까지 섞으세요. 물의 양을 잘 조절해야 군락을 형성할 수 있어요. 흙이 너무 많이 젖으면 개미들이 익사해요. 또한 곰팡이가 자랄 수도 있어요.
4. 작은 병의 뚜껑을 덮고 큰 병에 넣으세요.
5. 작은 병을 큰 병 중앙에 넣은 다음, 두 병 사이에 남은 공간에 조심스럽게 흙을 넣으세요. 윗부분에 약 2~3cm 정도의 공간을 남겨 두세요.
6. 병을 가볍게 두드려서 흙을 고르게 하세요.

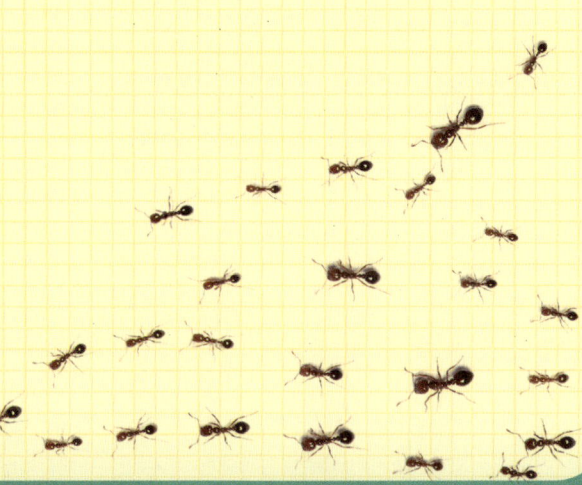

놀라운 개미들

나만의 개미집을 만들어 봐요 (계속)

7. 면봉을 올리브 오일에 적신 후 큰 병의 입구 안쪽을 닦으세요. 이렇게 하면 개미들이 도망치는 것을 막을 수 있어요.
8. 큰 병의 뚜껑에 작은 공기 구멍을 뚫어 주세요. 부모님께 도와 달라고 하는 것도 좋아요. 개미들이 빠져나갈 수 없는 작은 구멍이어야 해요.

개미 수집하기

1. 달콤한 음식 조각을 개미탑 옆에 놓고 몇 시간 동안 그대로 놔두세요.
2. 개미를 12~25마리 정도 잡으세요. 음식과 개미를 집을 때는 숟가락을 사용하세요.
3. 개미집에 개미들을 조심스럽게 놓으세요.
4. 큰 병의 뚜껑을 재빨리 닫으세요. 이제 나만의 개미집을 관찰하면 돼요!

개미 돌보기

개미를 돌보고 키우는 것은 매우 쉬워요. 일주일에 세 번 또는 이틀에 한 번, 병을 열고 스포이트를 사용해서 물 몇 방울을 흙에 떨어뜨리세요. 병 안쪽에 응결이 보이면 물을 넣지 말고 이틀에 한 번씩 설탕을 몇 알씩 넣거나 과자 부스러기를 떨어뜨리세요. 개미는 애벌레가 없으면 단백질을 많이 섭취하지 않아요. 그래도 2주마다 죽은 곤충을 넣어 주는 것으로 영양분을 제공할 수 있어요. 만약 개미들이 먹지 않는다면, 곤충을 치우세요.

관찰하고 학습하기

여러분의 개미집이 잘 운영된다면, 개미로 몇 가지 실험을 해 볼 수 있어요! 아래는 실험 예시들이에요. 다른 재미있는 실험도 생각해 보세요!

먹이 찾기

개미가 특별히 좋아하는 음식이 있나요? 같이 한 번 알아봐요! 개미집에 달콤한 음식을 놓고 개미가 그것을 찾는 데 얼마나 걸리는지 타이머로 시간을 재 보세요. 시간은 적어 두세요. 다음날, 개미집에 작은 고기 조각을 넣고 타이머를 작동하세요. 개미들이 새로운 음식을 발견하는 데 걸린 시간을 적어 두세요. 두 먹이를 찾는 시간이 비슷했나요?

주간 근무 또는 야간 근무?

여러분이 잡은 개미는 낮에 일을 할까요? 밤에 일을 할까요? 아니면 낮과 밤 모두 일을 할까요? 개미가 어느 시간대에 활동적인지 알기 위해서 하루 종일 개미집을 관찰해 보세요. 어두운 밤에는 약한 빛을 사용해 군락을 보면서 개미가 움직이고 있는지 확인하세요.

관찰 체험

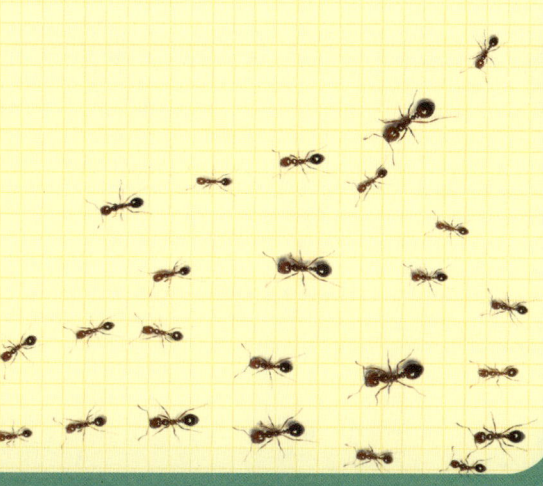

놀라운 개미들

2장
개미들을 더 가까이

앞에서 개미에 관한 여러 가지 것들을 자세히 배웠어요. 이제는 개미의 종류를 더 자세히 알아봐요. 세계 곳곳에 사는 다양한 개미에 관해 더 알고 싶나요? 여러분은 어떤 개미를 가장 좋아하나요?

곡예개미
Acrobat Ant

학명 *Crematogaster ashmeadi*

곡예개미는 전 세계에 약 400종이 있어요. 곡예개미의 배는 모두 하트 모양이에요. 곡예개미는 위협을 느끼면 마치 곡예사처럼 자신의 머리 위로 배를 끌어 올려요. 이 개미는 축축한 나무에 집을 짓는 것을 좋아해요. 일부 종은 나무 안에 있는 딱정벌레의 집을 차지하기도 한답니다. 곡예개미는 종이집을 만들 수도 있어요. 식물을 씹어 그것을 동물의 똥, 흙과 섞어서 집을 만들어요. 페루곡예개미와 같은 일부 종은 집에 씨앗을 심어 열대 정원을 만들어요. 쑥쑥 자란 식물의 잎은 포식자로부터 집을 감춰 주고, 뿌리는 집 내부를 튼튼하게 만들어 주죠.

개미 생태 정보

발견 지역
미국 남동부

먹이
감로, 죽은 곤충

크기
1.5~2.5mm

군락 규모
중형에서 대형

아르헨티나개미
Argentine Ant

학명 *Linepithema humile*

아르헨티나개미는 세계 이곳저곳을 여행하는 탐험가예요! 원래는 남아메리카의 아르헨티나와 우루과이에서 살았어요. 사람이 배를 타고 여러 지역을 이동하기 시작하면서 아르헨티나개미들도 같이 실려 이동했죠. 100년도 안 되어, 그들은 전 세계로 퍼졌답니다! 아르헨티나개미는 대륙을 가로지르는 개미 군락 중에 가장 큰 슈퍼 군락을 형성해요. 아르헨티나개미 군락에는 여러 마리의 여왕개미가 있어요. 그래서 전체 구성원을 통제하기가 매우 어려워요. 여왕개미는 새로운 군락을 형성하기 위해 혼인 비행을 하는 대신, 본래의 군락에서 조금 떨어진 곳에 새로운 군락을 만들어요.

개미 생태 정보

발견 지역
전 세계

크기
1.5~2.5mm

먹이
감로, 꽃의 꿀, 곤충

군락 규모
수십억 마리의 개미들이 있는 슈퍼 군락

검정목수개미
Black Carpenter Ant

학명 *Camponotus pennsylvanicus*

만약 여러분이 집에서 매우 바쁘게 움직이고 있는 검은 개미를 본다면, 그들은 목수개미일 가능성이 높아요. 목수개미는 나무에 집을 만들어요. 때로는 집에서 기르는 나무에도 개미집을 만들죠. 그 나무가 특히 축축하다면 분명 목수개미가 있을 거예요! 목수개미는 몸집이 큰 편이라 나무를 씹을 때 소리가 날 수도 있어요. 목수개미를 가까이에서 관찰해 보세요. 나무 씹는 소리를 들을 수도 있어요. 목수개미는 침을 쏘는 대신 턱을 사용해 물거나 엉덩이에서 개미산(포름산)을 뿜어요.

개미 생태 정보

발견 지역
버뮤다, 캐나다, 미국

크기
6.3~12.7mm

먹이
감로, 과즙, 식물 수액, 살아 있는 곤충 및 죽은 곤충

군락 규모
2,000~1만 5,000마리

총알개미
Bullet Ant

학명 *Paraponera clavata*

총알개미는 전 세계에서 가장 큰 개미종 중 하나예요. 총알개미 일개미의 크기는 약 2.5 센티미터로 거의 종이 클립만큼 길어요. 총알개미는 공격적이어서 아주 작은 위협에도 바로 공격을 가해요. 총알개미의 침은 매우 고통스러워요. 총알개미에 쏘이면 총에 맞은 것만큼 아프다고 말하는 사람들도 있어요! 그래서 총알개미라는 명칭이 붙은 거예요. 대부분 나무 아래에서 살면서 나뭇잎을 먹기 위해 나무를 기어올라요. 총알개미는 중남미의 열대 우림에서만 살아요.

개미 생태 정보

발견 지역
중남미의 열대 우림

크기
2~3cm

먹이
과즙, 작은 곤충, 나무 수액

군락 규모
15만~70만 마리

에치톤 군대개미
Eciton Army Ant

학명 *Eciton burchellii*

에치톤 군대개미는 '침략자'로 유명해요. 에치톤 군대개미의 군락 규모는 축구장의 두 배예요. 정말 거대하죠? 군대개미는 무리를 지어 먹이를 사냥해요. 마치 그 모습이 커다란 카펫을 펼쳐 놓은 것 같죠. 지나가는 길에 있는 모든 곤충을 몰살시키며 때로는 뱀, 도마뱀, 몇몇 새들과 같은 작은 동물들까지 죽여요. 동료들이 먹이를 사냥하는 동안, 일개미들은 빠르게 운반할 수 있도록 길을 매끄럽게 정리해요.

개미 생태 정보

발견 지역
중남미, 멕시코, 트리니다드토바고

크기
3~13mm

먹이
작은 곤충, 도마뱀과 새 같은 척추동물

군락 규모
10만~20만 마리

기간티옵스
Gigantiops

학명 *Gigantiops destructor*

기간티옵스는 세계에서 가장 큰 눈을 가진 개미예요! 뛰어난 시력과 매력적인 움직임이 이 개미의 특징이랍니다. 기간티옵스는 혼자서 사냥을 해요. 그리고 먹이를 잡는 방법이 굉장히 특이한데, 바로 점프하는 거예요! 기간티옵스는 수줍음이 많고 침이 없어요. 때때로 총알개미 집 옆에 자신들의 집을 지어요. 포식자들은 근처에 사나운 총알개미가 있다는 것을 알고 기간티옵스를 건들지 않는답니다.

개미 생태 정보

발견 지역
남아메리카

크기
10~15mm

먹이
과즙, 작은 곤충

군락 규모
최대 수백 마리

꿀단지개미
Honey Ant

학명 *Myrmecocystus mexicanus*

이 개미는 사막처럼 뜨겁고 건조한 곳에 살며, 유카(다육 식물)에서 꿀을 모아요. 식량이 부족한 사막 같은 곳에서는 음식을 저장하는 것이 정말 중요하죠. 꿀단지개미는 어떻게 식물의 꿀을 저장하는 걸까요? 일개미가 부지런히 꿀을 모으면 저장을 담당하는 다른 일개미에게 꿀을 건네요. 저장 담당 일개미는 입을 통해 꿀을 받아서 자신의 배에 저장해요. 그러면 배가 크게 부푼답니다.

개미집에 사는 동료들은 꿀단지개미를 저장 용기로 활용해요! 군락 내 식량이 부족해지면, 꿀단지개미 복부에 저장된 꿀을 먹는답니다.

개미 생태 정보

발견 지역
멕시코, 미국

크기
2.5~6mm

먹이
진딧물, 수액, 꽃의 꿀, 죽은 곤충

군락 규모
약 5,000마리

잭점퍼개미
Jack Jumper Ant

학명 *Myrmecia pilosula*

태즈메이니아와 호주 남동부에 사는 잭점퍼개미는 몸집이 크고 말벌에 맞먹는 강력한 독을 가졌어요. 몸길이는 약 1.2센티미터이며 큰턱과 독침으로 적을 공격해요. 잭점퍼개미에게 쏘인 후 심각한 알레르기 반응을 보인 사람들이 많아요. 사람에게는 상당히 위험한 개미죠. 이 개미는 뭔가 지나가면 곧바로 점프해서 공격해요. 뛰어난 점프 능력과 좋은 시력 덕분에 먹이 사냥을 매우 잘해요. 심지어 파리를 잡을 수 있을 만큼 빠르답니다!

개미 생태 정보

발견 지역 호주	**먹이** 작은 곤충
크기 1.2cm	**군락 규모** 4,000마리 이상

잎꾼개미
Leafcutter Ant

학명 *Atta cephalotes*

'농사의 신'이라고 불리는 잎꾼개미를 만나 볼까요? 잎꾼개미는 나뭇잎을 자르고 침과 섞어 버섯을 재배하는 훌륭한 농부들이에요! 그들은 버섯(균류)을 길러 식량으로 사용하죠. 잎꾼개미는 나무에 올라가 옮기기 적당한 크기로 나뭇잎을 잘라요. 그리고 개미집으로 가져온답니다. 모아 둔 나뭇잎은 먹지 않고 버섯 재배를 위한 비료로 사용해요. 이런 방식의 농사는 군락에서 여러 세대를 거쳐 전해져요. 하지만 가끔 버섯 농사가 잘 안 될 때도 있어요. 이런 상황이 벌어지면 다른 군락에 합류하거나 이웃 군락에서 버섯을 훔쳐 오기도 해요. 버섯 균류가 없으면 잎꾼개미의 군락은 몰락하기 때문이죠.

개미 생태 정보

발견 지역
카리브해, 중남미, 멕시코

먹이
버섯(균류)

크기
7~13mm

군락 규모
최대 500만 마리

도로개미
Pavement Ant

학명 *Tetramorium immigrans*

도로개미는 이름에서 알 수 있듯이 포장 도로 아래에 개미집을 만드는 경우가 많아요. 특히 미국에서 매우 흔하게 볼 수 있는 개미 종이죠. 만약 작은 개미들이 벽돌 사이나 보도에서 개미탑을 분주하게 손질하고 있다면 아마 도로개미일 거예요. 도로개미는 거대한 군락을 형성하지는 않지만, 군락 주변의 영역을 지키기 위해 죽음을 불사하고 싸워요. 매년 봄이 되면, 도로개미 군락은 이웃 군락과 대결할 준비를 해요. 전쟁이 끝날 때쯤이면 수천 마리의 도로개미가 죽는답니다.

개미 생태 정보

발견 지역
아르헨티나, 칠레, 북아메리카

크기
약 2.5mm

먹이
작은 곤충, 씨앗, 꽃의 꿀, 꽃가루, 죽은 동물, 달콤한 음식

군락 규모
중형에서 대형

애집개미
Pharaoh Ant

학명 *Monomorium pharaonis*

애집개미는 세계에서 가장 악명 높은 해충으로 꼽혀요. 그들은 전 세계에 살고 있으며, 습한 벽 틈이나 가구 속, 마루 밑 등 어둡고 따뜻한 곳을 좋아해요. 특히 애집개미는 사람을 깨물고 알레르기성 질병을 유발하기 때문에 조심해야 해요. 또한 가리는 것 없이 뭐든 잘 먹는 대식가 개미예요. 붕대와 구두약까지 먹기도 해요! 애집개미 여왕의 수명은 겨우 3개월 정도인데, 알려진 개미 여왕의 수명 중 가장 짧지요. 하지만 애집개미 군락은 여왕개미를 많이 배출하기 때문에 짧은 시간에 빠르게 새로운 군락을 형성할 수 있답니다.

개미 생태 정보

발견 지역
전 세계

크기
2.5mm

먹이
죽은 곤충, 씨앗, 꽃의 꿀, 균류, 단맛이 나는 음식들

군락 규모
800~2,500마리

붉은불개미
Red Imported Fire Ant

학명 *Solenopsis invicta*

붉은불개미는 원래 브라질 남부와 아르헨티나에서 살았어요. 지금은 전 세계에서 발견되고 있어요. 붉은불개미는 농작물을 파괴하고 개미집을 공격적으로 방어해요. 꼬리 부분에 날카로운 침이 있는데 이 침에 찔리면 심한 통증과 가려움증을 일으켜요. 심할 경우 호흡 곤란이 올 수도 있죠. 붉은불개미는 협동심이 아주 뛰어나요! 자연재해가 발생해도 살아남는 생존력을 보여 줘요. 붉은불개미 군락은 서로의 몸을 연결해서 뗏목을 만들어요. 이때 여왕개미와 어린 개미들이 중앙에서 보호를 받죠. 홍수가 끝날 때까지 이렇게 계속 떠다녀요.

개미 생태 정보

발견 지역
호주, 카리브해, 중국, 멕시코, 남아메리카, 미국

크기
2.5~6mm

먹이
곤충, 거미, 지렁이

군락 규모
최대 25만 마리

덫개미
Trap-Jaw Ant

학명 *Odontomachus bauri*

여러분이 이 개미를 발견했다면, 두 눈을 똑바로 떠야 해요. 눈을 깜박이는 순간, 덫개미의 놀라운 사냥 기술을 놓칠지도 몰라요! 덫개미는 빠르게 달리는 자동차의 속도만큼 재빠르게 여닫을 수 있는 강한 턱을 가지고 있어요. 먹이를 발견하면 턱을 벌린 채 가만히 있어요. 이때 턱에서 길고 민감한 털이 튀어나오는데, 이 털에 무언가가 닿으면 바로 턱이 딱! 닫혀 버려요. 이렇게 먹잇감을 가두는 거죠. 턱이 너무 강하게 닫히면 그 동작으로 인해 몸이 뒤로 밀릴 때도 있어요. 덫개미는 이 추진력을 이용해 개미귀신이나 포식자에게서 빠져나와요.

개미 생태 정보

발견 지역
갈라파고스, 멕시코, 남아메리카, 트리니다드토바고

크기
약 1.3cm

먹이
곤충, 때로는 단 음식

군락 규모
200마리 미만

거북이개미
Turtle Ant

학명 *Cephalotes varians*

개성 넘치는 외모의 소유자, 거북이개미를 소개할게요. 많은 개미가 땅속 개미집에 살지만, 거북이개미는 맹그로브 나무의 움푹 파인 부분이나 풀밭의 움푹 꺼진 곳에서 살아요. 군락 내에서 병정 역할을 하는 개미는 쟁반처럼 생긴 납작한 머리를 가지고 있어요. 이 머리를 사용해서 집의 입구를 막고 침입자들을 밖으로 밀어내요. 또한 높은 나뭇가지에서 땅으로 떨어질 때 납작한 머리를 낙하산처럼 사용할 수도 있죠. 거북이개미는 죽은 지 얼마 되지 않은 곤충을 먹는 청소부 역할도 해요.

개미 생태 정보

발견 지역
카리브해, 미국

먹이
다양한 곤충들과 감로

크기
2.5~15mm

군락 규모
약 1,000마리

푸른베짜기개미
Weaver Ant

학명 *Oecophylla smaragdina*

베짜기개미종은 땅속이 아닌 나무 꼭대기에 집을 짓고 살아요. 푸른베짜기개미는 애벌레가 비단실로 이어 붙인 나뭇잎으로 집을 만들어요. 마치 건축가 같지요? 군락에서 병정 역할을 하는 개미가 적당한 나무를 선택하면, 일개미들과 함께 나뭇잎을 가까이 끌어당겨요. 일개미는 애벌레의 머리를 툭툭 쳐서 비단실을 뽑고 이것을 사용해 나뭇잎을 붙여요. 푸른베짜기개미의 집은 몇 그루의 나무에 걸쳐 있을 만큼 커요! 그리고 깍지벌레를 포함한 다양한 곤충들에서 나오는 감로를 먹고 살아요.

개미 생태 정보

발견 지역
호주, 인도, 스리랑카

먹이
곤충들과 감로

크기
5~10mm

군락 규모
최대 50만 마리

미국불개미
Western Thatching Ant

학명 *Formica obscuripes*

또 다른 놀라운 건축가를 소개할게요. 바로 미국불개미예요. 이 개미는 약 2미터에 이르는 거대한 개미탑을 지어요. 주변에 있는 나뭇가지, 이파리, 솔잎, 풀줄기 등 모든 식물 재료를 사용해 집을 짓는답니다. 이 집은 땅속으로 약 120센티미터 깊이까지 뻗어 있어요. 지상의 개미탑은 땅속 개미집 내부의 온도를 조절하는 데 도움이 돼요. 미국불개미 군락의 여왕개미는 두 마리 이상일 수 있고, 각 여왕개미마다 군락을 형성해요. 미국불개미는 방해를 받으면 매우 공격적으로 변해요. 둥지 밖으로 뛰쳐나와 위협을 가하는 상대를 향해 무시무시한 개미산을 뿌린답니다.

개미 생태 정보

발견 지역
미국, 캐나다 서부

크기
약 4~7.6mm

먹이
수액, 과즙, 씨앗, 썩어 가는 고기, 조류 및 소형 포유류

군락 규모
약 4만 마리(한 슈퍼 군락에 5,600만 마리가 있다는 일부 보고가 있어요.)

더 알아보기

책

《개미제국의 발견》, 최재천 지음
이 책은 전투병, 보초병, 짐꾼 등으로 철저하게 분업을 하는 개미 사회의 경제, 자기희생을 바탕으로 하는 개미의 문화 등 지구 생태계를 지배하는 개미의 세계를 소개한 책이에요.

《한국 개미 사전》, 동민수 지음
이 책은 우리나라 개미과에 속한 40속 105종을 소개해요. 현장에서 찍은 생생한 사진을 큼직하게 보며 개미의 생김새와 생활을 더 자세히 배울 수 있어요.

《한국 개미》, 동민수 지음
개미 78종과 개미와 연관 있는 동물 12종을 소개한 책이에요. 아과, 속, 종을 구별하는 그림 검색표를 실어 개미 분류에 관한 기초를 배울 수 있어요. 또한 채집과 관찰, 표본 방법부터 분류와 생태 같은 전문적인 내용까지 배울 수 있어요.

《쓸데없이 유익한 꿀잼 꿀벌과 개미개미 이야기》, 무선헤드셋 지음
이 책은 귀엽고 재미있는 그림체의 생물학 만화예요. 곤충을 아주 앙증맞게 그려 내어 부담 없이 볼 수 있는 데다가 중간중간 뜬금포 개그까지 곁들여 빵 터지는 웃음을 선사해요. 또한 흰개미 같은 사회성 곤충의 이타주의적 행동, 사마귀와 거미의 사냥과 번식 전략, 포유류나 조류 등 다른 동물들의 생태까지 다양한 생물 지식을 담았답니다.

《드래곤빌리지 학습도감 15 : AI개미》 하이브로 지음
개미의 몸과 생태의 비밀을 재미있는 그림으로 설명하는 책이에요. 자연의 청소부 역할을 하는 개미, 사람을 위험에 빠트릴 정도로 강한 개미들까지 다양한 60여 종의 개미를 소개해요. 흥미진진한 만화 스토리를 따라가며 개미에 대해 학습할 수 있어요.

웹사이트

AntMaps.org
사이트에 접속하면 전문적인 곤충 학자들이 만든 개미종의 분포 지도를 볼 수 있어요. 현재 약 15,000종의 개미종과 아종을 포함하여 190만 개가 넘는 정보가 있어요.

AntWeb.org
앤트웹(AntWeb)은 개미에 관한 다양한 정보가 있는 온라인 사이트예요. 개미 표본 이미지와 기록, 자연사적 정보를 알 수 있어요.

AntsCanada.com
www.youtube.com/user/AntsCanada/about
앤트캐나다(Ants Canada)는 개미 사육에 대한 정보를 제공하고 공유하는 단체예요. 유튜브 채널에 들어가면 세계 각국의 개미를 영상으로 자세히 볼 수 있어요.

AntWiki.org
앤트위키(AntWiki)는 전 세계 개미들에 대한 풍부한 정보를 제공해요. 전문가와 일반 시민들이 개미 사진과 정보를 공유하고, 개미와 관련된 재미있는 토론도 펼쳐요.

AusAnts.net
www.youtube.com/channel/UCriN7rN7wRo4w93jOR-055A
온라인 사이트와 유튜브 채널을 접속해 봐요! 흥미로운 개미들을 더 많이 알 수 있어요.

용어 풀이

개미 연구가
개미를 전문적으로 연구하는 과학자.

개미산
개미가 만들어 낸 산.
* 포름산이라고도 하며 상온에서는 무색이지만 자극적인 냄새가 나요. 액체 상태에서 피부에 닿으면 수포가 생기고, 체내에 들어가면 신장에 장애를 일으키는 강한 독성을 지닌 액체예요.

겹눈
작은 렌즈같이 낱눈으로 이루어진 큰 눈.

공생
둘 중 하나 또는 둘 다 생존하는 데 도움을 주는 다른 생물종 사이의 관계.

기생충
다른 생물체의 몸에 살면서 영양분을 섭취하는 무척추동물.

꿀단지개미
복부에 많은 과즙을 저장할 수 있는 전문화된 일개미.

두엄 더미
개미들이 집 내부에서 발생하는 쓰레기를 모아 두는 곳.

무척추동물
곤충, 갑각류 또는 지렁이와 같은 등뼈가 없는 동물.

번데기
비단고치나 굳은 외골격 안에 있을 때 곤충의 수면 단계.

분해자
죽은 식물이나 동물을 먹고 그것들을 살아 있는 식물의 영양분으로 바꾸는 유기체.

비바크
살아 있는 개미들이 공 모양으로 달라붙어 있는 군대개미의 임시 집.

수개미
여왕개미와의 짝짓기가 가장 중요한 임무인 수컷 개미.

영양 교환
곤충 사회에서 애벌레와 어른벌레 사이에 이루어지는 먹이 교환.

잡식동물
식물과 다른 동물들을 모두 먹는 동물.

절지동물
외골격, 부분과 부분으로 이루어진 몸, 그리고 관절이 있는 다리를 가진 모든 동물.

종족
많은 공통점을 가지고 있고, 서로 짝짓기를 하여 다른 종류의 생물들을 만들 수 있는 생물들의 집단.

진사회성
서로 다른 직책을 가진 여러 집단이 모여 하나의 군집을 이룬다는 뜻.
* 이러한 사회 구조는 개미나 벌 같은 무척추동물 사이에서 주로 발견됩니다.

집단
함께 사는 단일 종의 공동체.

페로몬
동물이 같은 종의 다른 동물들과 소통하기 위해 만드는 화학 물질.

홑눈
빛의 밝고 어두움만을 감지하는 작고 단순한 눈.

화석
선사 시대의 식물이나 동물의 일부와 흔적이 그대로 보존되어 남아 있는 것.

찾아보기

ㄱ

감로 19, 34, 35, 48~50, 61, 62
개미 군락 14~16, 20, 31
개미귀신 28, 60
개미산 35, 50, 63, 67
개미집 14, 16~25, 28~38, 42~45, 50, 54~63
개미탑 23, 35, 43, 44, 57, 63
거북이개미 61
검정목수개미 50
곡예개미 48
곤충 11, 14, 16, 25, 28, 33, 34, 36, 41, 44, 48~62, 67
곰팡이 12, 25, 30, 43
공생 관계 34
군대개미 19, 25, 37~41, 52, 67
기간티옵스 53
기생충 28, 29, 35, 67
깍지벌레 35
꿀 10, 19, 49, 54, 57, 58
꿀단지개미 21, 31, 32, 54, 67

ㄴ

날개 11, 15, 16, 19, 35, 37, 38
냄새 흔적 25, 27, 31, 39
노예 31
님피스터 크로나우에리 41

ㄷ

더듬이 11, 23, 34

덫개미 41, 60
데스 그립 30
도로개미 57
독 28, 55
두엄 더미 19, 67
드라큘라개미 26
디노포네라 기간티아 10

ㅁ

마웨 부족 36
모이주머니 25
무척추동물 11, 67, 68
미국불개미 63

ㅂ

반날개 28
배자루 마디 11
번데기 12, 13, 15, 17, 25, 31, 67
베짜기개미 20, 32, 62
벼룩파리 29
병정개미 20, 31, 39
분비샘 23
분해자 36, 67
불개미 31, 34
붉은불개미 59
비바크 38, 67

ㅅ

사냥 25, 37, 39, 41, 52, 53, 55, 60

소낭 25
수개미 12, 14~18, 37, 38, 67
수명 18, 58
수액 10, 25, 34, 50, 51, 54, 63
수정란 12, 15
슈퍼 군락 49, 63

ㅇ
아르헨티나개미 31, 49
아마존개미 31
알 12, 15~17, 19, 29, 34, 38~44
애벌레 12~31, 39, 44, 62, 68
애집개미 58
앤트 밀 39
에치톤 군대개미 41, 52
여왕개미 12, 14~19, 37, 38, 42, 49, 59, 63, 67
영양 교환 25
외골격 11, 67, 68
의사소통 23
일개미 12~20, 23~28, 31, 37~39, 42, 51~54, 62, 67
잎꾼개미 17~19, 25, 56

ㅈ
잭점퍼개미 55
절지동물 22, 36, 68
좀비개미 30
진딧물 19, 34, 54
진사회성 68
집단 11, 14, 68
짝짓기 16, 19, 38, 67, 68

ㅊ
총알개미 29, 36, 51, 53
침 16, 28, 29, 50~53, 55, 59

ㅋ
카레바라 아토마 10
코노머마개미 31, 32
콜로브피스 익스플로덴스 13

ㅌ
타란툴라 호크 29
타이타노 미르마루바이 10
턱 11, 17, 19, 28, 31, 37, 39, 41, 50, 55, 60

ㅍ
페로몬 23, 31, 39, 68
포름산 67
포식자 19, 28, 34, 48, 53, 60
푸른베짜기개미 62
프세우도 미르멕스개미 20

ㅎ
혼인 비행 12, 16, 19, 49
화석 10, 68
화학 물질 23, 30, 68
흰개미 11, 41

옮긴이 이은경

광운대학교 영문학과를 졸업하였으며, 저작권에이전시에서 에이전트로 근무하였다. 현재 번역에이전시 엔터스코리아에서 출판 기획 및 전문 번역가로 활동하고 있다. 주요 역서로는 《자연과 친해지는 법을 찾아서》,《원자에서 우주까지 과학 수업 시간입니다》,《우주에서 바닷속까지 똑똑한 모험책》,《멘사퍼즐 두뇌게임》,《청소년을 위한 극탐험 이야기》 등 다수가 있다.

개미 관찰 백과
여왕개미, 일개미, 병정개미가 만드는 거대한 개미 제국 이야기

1판 1쇄 펴낸 날 2022년 12월 7일

지은이 베벌리 게르데만
옮긴이 이은경
주간 안채원
책임편집 장서진
편집 윤대호, 채선희, 윤성하
디자인 김수인, 김현주, 이예은
마케팅 함정윤, 김희진

펴낸이 박윤태
펴낸곳 보누스
등록 2001년 8월 17일 제313-2002-179호
주소 서울시 마포구 동교로12안길 31 보누스 4층
전화 02-333-3114
팩스 02-3143-3254
이메일 viking@bonusbook.co.kr
블로그 http://blog.naver.com/vikingbook

ISBN 978-89-6494-597-1 73490

바이킹은 보누스출판사의 어린이책 브랜드입니다.

• 책값은 뒤표지에 있습니다.